Made in the USA
Columbia, SC
30 December 2024

50845876R10061